Études Législatives et Judiciaires sur l'Algérie

XXIX

DU

SUFFRAGE UNIVERSEL

OU DE LA

DÉPUTATION EN ALGÉRIE

PAR

C. FRÉGIER

PRÉSIDENT DU TRIBUNAL DE 1re INSTANCE DE SÉTIF, MEMBRE DE L'ACADÉMIE
DE LÉGISLATION DE TOULOUSE.

> La Constitution est l'œuvre d'un plébiscite.
> Elle est plus que l'œuvre d'un seul, c'est
> l'œuvre du peuple.
>
> S. Ex. M. TROPLONG (Séance du Sénat,
> du 11 décembre 1863).

CONSTANTINE

TYPOGRAPHIE ET LITHOGRAPHIE ALESSI ET ARNOLET.

1864

XXIX

DU
SUFFRAGE UNIVERSEL

OU DE LA

DÉPUTATION EN ALGÉRIE

PAR

C. FRÉGIER

PRÉSIDENT DU TRIBUNAL DE 1re INSTANCE DE SÉTIF, MEMBRE DE L'ACADÉMIE
DE LÉGISLATION DE TOULOUSE.

La Constitution est l'œuvre d'un plébiscite.
Elle est plus que l'œuvre d'un seul, c'est
l'œuvre du peuple.

S. Ex. M. TROPLONG (Séance du Sénat,
du 14 décembre 1863).

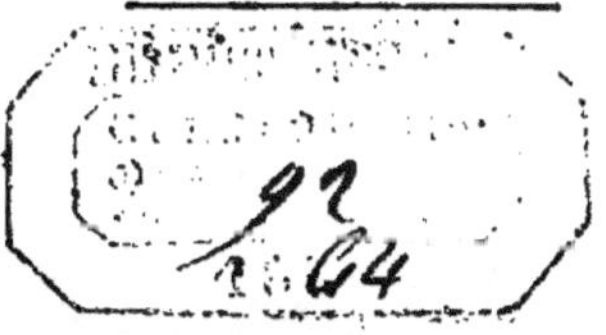

CONSTANTINE

TYPOGRAPHIE ET LITHOGRAPHIE ALESSI ET ARNOLET.

1864

Constantine. — Typ.-Lith. ALESSI ET ARNOLET.

A Son Excellence

M. TROPLONG,

PRÉSIDENT DU SÉNAT,

Premier Président de la Cour de Cassation.

Monsieur le Président,

Premier magistrat du premier corps judiciaire et du premier corps politique de l'Empire Français, il m'a semblé, qu'en modifiant le début d'une dédicace de Racine au duc de Chevreuse (1), je pouvais vous dire sans trop de témérité :

« Vous ne serez pas étonné de voir votre nom à la « tête de cet ouvrage. »

(1) Dédicace de *Britannicus*.

A qui, en effet, plus naturellement, qu'à l'illustre Interprète du Code Napoléon et au savant Rapporteur du sénatus-consulte du 10 novembre 1852, qui a si bien su mériter l'incomparable honneur d'être tout à la fois le gardien suprême de la *Constitution* et l'organe le plus autorisé de la *Loi*, à qui devais-je adresser cet humble et respectueux commentaire d'un article de décret électoral, et cette faible, mais énergique défense de l'une des bases fondamentales de la Constitution ?

Et puis, à qui, plus justement qu'au Publiciste-philosophe, qui voulut bien, il y a trois ans, accepter l'hommage de mon *Portalis, philosophe chrétien*, aurais-je dédié une thèse de Droit public, où j'ai tenté de réaliser ma théorie de l'*Esprit philosophique* appliqué à l'interprétation pratique d'un texte de loi ?

J'espère donc, Monsieur le Président, que Votre Excellence daignera voir dans cette dédicace, un nouveau témoignage de respect et de reconnaissance de son auteur envers l'homme éminent qui, dans plus d'une occasion, l'honora de son haut patronage.

C. FRÉGIER,

Président du Tribunal de première instance de Sétif.

Sétif, le 1er janvier 1864.

PRÉFACE [A] [*]

Honni soit qui mal y pense !

Que je regrette, humble défenseur de la Vérité et du Droit, d'être obligé de placer ce patriotique travail sous l'égide de ce royal proverbe !

(A) Ce travail, mis sous presse dès le 1er janvier dernier, aurait paru avant la discussion de l'Adresse au Corps Législatif, sans des circonstances indépendantes de notre volonté, et si la *question de droit*, la seule que nous y traitions, n'avait dû être et n'avait été complètement passée sous silence dans la discussion de l'amendement en faveur de l'Algérie et des Colonies, nous eussions volontiers renoncé à sa publication.

C'est principalement au Sénat et à l'opinion publique que nous l'adressons, comme une sorte de mémoire à l'appui des pétitions envoyées au Sénat pour l'obtention ou plutôt la restitution du droit de députation au profit de l'Algérie.

(*) On nous a dit avec Tacite : *Opus aggrederis opimum casibus* (1).
— Non, avons-nous répondu, en nous appuyant sur des paroles récentes de l'Empereur, et persuadé que nous sommes resté dans notre droit, — non, puisque sous le règne de Napoléon III nous pouvons dire ce que disait le même historien du règne de Nerva et de Trajan : « *Secura materia, rara temporum felicitate ubi sentire quæ velim et quæ sentium dicere licet* (2). »

(1) Vous entreprenez une œuvre féconde en périls.

(2) Le sujet que je traite est sans danger : grâce à ces rares et heureux temps où l'on peut penser comme on veut, et parler comme on pense. Tacit. Hist L. I, num. 1-4.

Et pourtant, en le publiant, je ne cherche ni bruit, ni scandale, ni agitation, ni popularité, ni honneur, ni profit.

Je cède aux inspirations de ma conscience et à la logique de mes idées.

La Vérité et le Droit, — voilà ce que je veux pour moi, voilà ce que je demande pour les autres !

Persuadé que je les ai trouvés, j'ai hâte de les mettre sous les yeux et comme dans les mains de ceux qui ne les ont peut-être encore ni trouvés, ni cherchés.

Je suis de ceux qui, avant et par-dessus tout, aiment et respectent, désirent faire aimer et respecter la Constitution de leur pays, cette Constitution libérale et perfectible, ancre de salut, citadelle de liberté, d'ordre et de justice, pacte vraiment national, contrat vraiment populaire, qui a donné à la France « un pouvoir fort sans excès, une liberté réelle sans licence. »

Or, je crois, et cette croyance me pèse au cœur, je crois que, contrairement au vœu et à la volonté, à l'esprit et à la lettre d'une constitution qui ne doit être altérée ni par une transformation ni même par une réformation réfractaire à ses principes fondamentaux, l'Algérie est depuis onze ans *sevrée* d'un droit éminemment cons-

On nous a dit encore : — Prenez garde, vous mêlez la magistrature à la politique.

Nous avons répondu : « Le droit politique n'est pas la politique. » Et nous avons ajouté avec un procureur-général à la Cour impériale de Paris, aujourd'hui président à la Cour de cassation : Il y a deux politiques, l'une, qui ne s'inquiète ni du droit ni des principes et à laquelle on a besoin de dire : surtout pas de zèle ; l'autre, qui cherche, avant tout, sa raison d'être, son principe, et le principe de se constituer, et qui dit à la magistrature : pas d'approbation complaisante ! Le gouvernement sait bien que l'indépendance est le véritable esprit et comme le souffle qui a toujours animé la magistrature française. La liberté de langage de la magistrature, c'est l'expression de sa fidélité (3).

(3) Discours de rentrée, 4 novembre 1856.

titutionnel, et de tous les droits le plus important, le plus inviolable et le plus sacré.

Je le crois, et dans la forme la plus mesurée, la plus calme et la plus respectueuse, je viens le démontrer.

Jusqu'ici, constamment en présence de questions de législation et de droit algériens, la plupart d'intérêt particulier, plutôt que d'intérêt général, et d'ordre civil plutôt que d'ordre politique, je suis aujourd'hui naturellement et logiquement amené à traiter une question de droit purement constitutionnel.

Après le droit privé, le droit public, après la liberté civile, la liberté politique ! (1)

Or, il m'a semblé qu'aucune question n'était plus digne d'un magistrat convaincu, d'un publiciste sincère, d'un algérien dévoué à la prospérité de l'Algérie, que celle que j'aborde franchement, sans détours, et visière levée, dans cette Étude.

Il ne s'agit ici ni d'une question politique, ni d'une question sociale.

Ma thèse n'est ni d'un anarchiste, ni d'un révolutionnaire, ni d'un agitateur, ni d'un opposant systématique, ni d'un mécontent, ni d'un ambitieux.

C'est tout simplement une thèse juridique, une thèse de principe, la thèse d'un jurisconsulte solitaire, épris de la science du droit, et qui, au lieu de dire à ses lecteurs : Voici la vérité ! se contente de leur dire : Voici ce que j'estime tel ; examinez, jugez vous-même !

Je n'ai qu'un but : Éclairer l'opinion publique.

De deux choses l'une : ou ma thèse est vraie, ou elle est fausse.

Vraie, on doit l'adopter.

Fausse, qu'on la rejette !

Vraie ou fausse, qu'on lui fasse l'honneur de la lire

et de la juger, sans passion, sans préjugés, sans parti pris, sans prévention.

En tout cas, nul ne contestera qu'elle ne soit, tout au moins, discutable et douteuse.

Dès lors, et surtout, après les pétitions (2) qui l'ont portée à la connaissance du public, et soumise à l'appréciation du Sénat, m'était-il permis de m'abstenir ?

—*Dans le doute, abstiens-toi*, disait un Ancien.— Oui ! dans le doute irrémédiable, dans le doute insoluble. — Non ! dans le doute que d'un mot, d'un seul mot, le législateur peut résoudre et réduire à néant.

S'abstenir en face d'un pareil doute, ne serait-ce pas abdiquer le droit et le devoir de tout bon citoyen (3), et renier « cette religion des principes (A), » dont le chef de l'Empire « qui veut qu'on lui dise la vérité (4), » m'enseigna le premier les inviolables préceptes ?

Ma thèse est de celles, qui, à tous les points de vue, n'ont qu'à gagner à recevoir le plus tôt possible une solution incontestable et incontestée ; et, à mon avis, de même que tout citoyen a le droit de la poser et de la discuter, de même tout citoyen a le droit d'en proposer et d'en préparer la solution.

C'est de ce droit que j'entends user, c'est ce devoir que je prétends remplir.

« Fays ce que doibs, advienne que pourra ! »

Ça toujours été, et, je l'espère bien, ce sera toujours ma devise.

Il n'y a pas de droit contre le droit, — sans doute ! Mais contre *le* devoir, y a-t-il *un* devoir ?

Sétif, le 1er janvier 1864.

(A) Œuvres de S. M. Napoléon III, édit. de 1854, t. Ier, p. 421.

DU

SUFFRAGE UNIVERSEL

EN ALGÉRIE (A)

Il y a du bien et du mal : reconnaissons le bien,
tâchons de corriger et d'empêcher le mal.
M. le vicomte de la Guerronnière.

I

S'il est une vérité certaine, à l'abri de tout doute, aussi incontestée qu'incontestable, c'est que l'Algérie est enfin, et pour toujours, une terre française :

Française, par droit de conquête ;

Française, par droit de civilisation ;

Française, par le fait de son assimilation avec la métropole ;

Française, surtout, par la transplantation, sur un sol désormais, à tous égards et à tous titres, naturalisé

(A) « Nous avions tout d'abord cru devoir intituler ce travail : *Qu'est-ce que l'Algérie au Corps législatif? Rien! Qu'a-t-elle le droit d'être? Quelque chose!* — Mais ce titre rappelant celui de la fameuse brochure-pamphlet de l'abbé Sièyes : *Qu'est-ce que le Tiers-État?* etc., nous l'avons sacrifié, sans trop de regret, au titre actuel, par la raison que nous avons voulu éviter jusqu'à l'ombre d'une publication politique et d'une œuvre de passion ou de parti. »

français, — d'une population presque tout entière française, toute française, rien que française ;

Française, enfin, par la volonté expresse et la déclaration solennelle du Chef souverain de la France.

Oui, l'Algérie aujourd'hui, l'Algérie, au regard de tous et spécialement de la population européenne, l'Algérie, c'est la France !

Et cependant, qui ne le sait ? Si, grâce aux principes régénérateurs de 89, théoriquement organisés par le premier Empire, et pratiquement réalisés par le second, — si la France a des *citoyens*, l'Algérie n'a encore que des *sujets*.

Mais alors, je vous le demande, à quoi lui sert d'être française !

Qu'on ne s'y trompe pas ! Par cela seul qu'on est français, on n'est pas nécessairement citoyen français.

Le Français, c'est l'homme qui, né en France ou ailleurs, d'un père et d'une mère français, — adopté par un français, — ou naturalisé français, — jouit des droits civils, exerce les droits civils de la France.

Le citoyen français, c'est l'homme qui, enfant de la France à un titre quelconque, joint à la jouissance et à l'exercice des droits civils, la jouissance et l'exercice des droits politiques.

Être citoyen français, ce n'est donc pas seulement avoir du sang français dans les veines — pas même des idées françaises dans l'esprit et des sentiments français dans le cœur. Être citoyen français, c'est être une fraction vivante de la souveraineté du peuple français, c'est faire partie intégrante et active de cette universalité individuelle et collective, dans laquelle réside cette souveraineté. — Être citoyen français, c'est être membre de la cité française, membre de l'État français, de ce grand corps social et politique, de cette vaste société qui se nomme la France.

Qui donc est citoyen français ?

—Tous ceux qui participent à la vie de ce corps, — qui, concourant directement ou indirectement à son fonctionnement, apportent leur appoint à son gouvernement et à ses actes ; qui, co-intéressés, co-associés, collaborateurs et co-propriétaires de la chose publique, peuvent et doivent, à un moment et dans une mesure donnés, s'écrier avec un noble orgueil, et avec plus de vérité que Louis XIV : *La chose publique, c'est ma chose; l'État, c'est moi !*

Le citoyen, c'est donc le principe primordial, l'unité génératrice, l'élément organique et vivant, l'un des facteurs et des coefficients de l'autonomie d'un peuple, l'un des rayons de cette circonférence dont le centre est la souveraineté nationale.

Ainsi, la nationalité fait le Français, la participation à la souveraineté, le citoyen français.

Mais cette participation à l'exercice de l'autorité souveraine, à quel signe la reconnaître? Quel est son caractère essentiel ? Comment se révèle-t-elle ?

Je ne crains pas de l'affirmer ; — par l'exercice du droit du suffrage.

J'appelle ainsi, le droit d'élire ceux qui sont appelés à discuter et à voter les lois et les impôts, ou, dans un sens moins élevé et moins étendu, à coopérer à tout ou partie de l'administration des intérêts publics ; — qu'il s'agisse de la Nation, du Département ou de la Commune.

Pas de droit de suffrage, pas de citoyen !

Le Droit de suffrage, c'est l'instrument, en même temps que la condition *sine quâ non* du Droit de cité.

Sans lui, la Cité n'est qu'une abstraction, le Droit public, qu'une chimère.

Le Droit de suffrage, qu'on me permette cette expression, c'est *la virilité civique !*

Manquez-vous de cette virilité ? Vous avez beau porter le titre de citoyen ! Si le droit qui le constitue vous est interdit, s'il ne vous est octroyé que sous certaines conditions et dans certaines limites, vous n'avez guère de citoyen que le nom, vous n'êtes qu'un citoyen apparent, une ombre de citoyen, un citoyen paralysé, mutilé, eunuque ; vous n'êtes pas un citoyen Français!

Figurez-vous un Athénien, un Spartiate, un Romain, sans le Droit de suffrage ! Ce Romain, fût-il Caton, ce Spartiate, fût-il Léonidas, cet Athénien, fût-il Aristide, ne sera qu'un fantôme de citoyen.

Non ! le citoyen, n'est ni l'esclave, ni le serf, ni le vassal, ni le client, ni même le mineur émancipé.

Le citoyen, c'est l'homme libre, l'homme indépendant, l'homme *Franc,* le majeur *sui juris,* dont la liberté et l'indépendance, ne reconnaissent d'autres bornes que celles de la loi, d'autres règles que celles de la conscience personnelle, — de la conscience publique,— et de l'intérêt de tous.

Voilà le citoyen ! Il n'est rien, s'il n'est pas cela ; mais cela, qu'on l'avoue ou qu'on le nie, il ne l'est et il ne peut l'être, que par le *Droit de suffrage.*

Le Droit de suffrage, qu'est-ce donc ? C'est le Moi, c'est la personnalité politique, et celui là seul est libre *(personam habet),* qui le possède et qui l'exerce.

Or, cette personnalité, l'Algérie l'a-t-elle ?

En fait, elle ne l'a pas, ou plutôt, elle ne l'a plus ; mais elle l'a eu, elle l'a en droit, et ne peut pas ne pas l'avoir.

A qui porta un jour la toge virile, il ne sied certes pas de reprendre jamais, ni la robe-prétexte de l'adolescent, — ni, moins encore, les langes de l'enfance.

Si donc, citoyenne un instant, elle est redevenue sujette, il faut, car un principe divin comme la raison, puissant comme la force des choses, le veut et le commande, il faut qu'elle redevienne citoyenne, et cette fois, pour ne jamais cesser de l'être.

Pour quelque temps, l'inadvertance, l'erreur, enleva à l'Algérie le droit de suffrage ; la vérité, la réflexion, le lui restituera pour toujours.

Autant et plus qu'en 1848, elle en est tout à la fois digne et capable.

Pourquoi lui serait-il plus longtemps refusé ?

Élue hier, pourquoi l'Algérie serait-t-elle pas même *Appelée* aujourd'hui ?

Le droit de suffrage, c'est pour elle la liberté, l'égalité, et, qu'on me passe ce troisième terme d'une trilogie trop fameuse, la fraternité :

La liberté de choisir ses représentants et ses organes ;

L'égalité, ou la participation au Droit commun constitutionnel ;

La fraternité, ou la solidarité, et la communion publique et sociale avec la France, d'idées, de tendances, d'efforts, de moyens, de but et de destinée, — le droit pour elle d'appeler la France : *Ma sœur*, et de s'asseoir à côté d'elle, au banquet de la même constitution.

Ce droit enfin, on va le voir, c'est « la base fondamentale, première, essentielle » de son existence ; c'est sa vie, son mouvement, son être.

— Mais un décret lui a ôté ce droit !

Qu'importe ?

S'il est inconstitutionnel, un autre décret le lui rendra !

Qu'est-ce donc qu'un décret et surtout un décret organique, s'il n'est conforme à la Constitution ?

Entre un décret qui n'est rien, et une constitution qui est tout, il n'y a pas à hésiter.

Le Décret doit tomber, et la Constitution rester debout.

II

On raconte que Louis XI recommanda au bourreau de l'infortuné duc de Nemours, *de le géhenner très estroict, à cette fin qu'il parlât* TRÈS CLAIR.

Ainsi ferai-je de la discussion, ou mieux, de l'exposé d'un problème qui n'a qu'à être connu pour être démontré, et dont l'évidence s'impose à tous les esprits, comme la lumière du jour s'impose à tous les yeux.

L'évidence n'a pas besoin de discussion. La discuter, ce serait l'obscurcir.

Pour être clair, je n'aurai donc qu'à être bref, et pour prouver une vérité mathématiquement évidente, qu'à procéder en mathématicien, — par axiomes.

Oui ou non ! l'Algérie possède-t-elle le droit de suffrage universel, en d'autres termes, le droit de participer à la représentation nationale ; ou, plus brièvement et plus clairement encore, le droit de députation au Corps législatif ?

A cette question, je réponds par ce théorème, objet de ma démonstration :

« Le décret du 21 février 1852, dont l'article 1er déclare

que l'Algérie n'a pas ce droit, est un décret inconstitutionnel, — un décret nul. »

Et la preuve de son inconstitutionalité et de sa nullité, elle est dans les *principes*, — dans l'*esprit,* — et dans les *textes* — du Droit constitutionnel de l'Empire.

III

Les principes d'abord.

Ils sont pour l'Empire français ce qu'ils sont ou devraient être, pour toute espèce de sociétés politiques :

— *Dieu,* origine première de tout pouvoir, qu'il révèle à l'homme par la création et la conservation de la société humaine :

— L'*Homme,* image finie de l'Être infini, — individuellement doué d'un rayon du pouvoir dont Dieu est le foyer, et qu'il révèle à ses semblables, par la libre expression de sa volonté personnelle.

— La *Société,* aggrégation d'hommes, — collectivement douée, elle aussi, non seulement d'un rayon, mais encore d'un faisceau de rayons de ce foyer divin, faisceau d'où sort le pouvoir qu'elle se révèle à elle-même, par la manifestation spontanée de sa volonté impersonnelle.

— Dieu, l'Homme, la Société, trois anneaux de la mystérieuse chaîne du pouvoir social :

— Dieu, qui en est la source ;

— L'Homme, qui en est l'écoulement;

— La Société, qui en est le réservoir;

— Dieu qui le communique à l'homme;

— L'Homme qui le communique à la société;

— La Société qui, presque toujours, le communique par *délégation expresse,* et quelquefois le confirme par *délégation tacite,* à un ou plusieurs de ses membres, ses *représentants* ou ses *ministres.*

Ainsi, le *fond* du pouvoir, en général, est divin. Considéré dans son principe, son origine et sa nature, tout pouvoir vient immédiatement de Dieu, en tant que cause première de l'ordre social, et médiatement de l'homme-individu ou de l'homme-société, en tant que cause seconde du gouvernement politique.

Mais la *forme* de *tel* pouvoir, en particulier, est humaine. Considéré dans ses applications, son mode et ses organes, le pouvoir vient médiatement de Dieu, immédiatement de la société.

Ainsi encore, né tout à la fois de la *grâce de Dieu* et de la *volonté sociale*, c'est Dieu seul qui le crée, et c'est la Société qui le constitue, le formule, l'incarne et le réalise à son gré.

Or, circonscrit dans les limites d'*un* peuple, le Pouvoir, c'est la souveraineté de ce peuple, — puisant sa raison d'être dans le consentement de tous, ou le *suffrage universel*,—s'exerçant directement par ce peuple ou indirectement par les mandataires ou représentants de ce peuple, et se réalisant dans un agent exécutif ou chef politique issu, comme les mandataires ou représentants de ce peuple, du suffrage de tous, du suffrage universel.

Mais ces principes de toute société, en général, sont-ils ceux de la société française, de l'Empire français en particulier ?

Impossible d'en douter !

IV

L'Empire est une monarchie démocratique et représentative, qui a :

Pour *base*, le suffrage universel et direct du peuple français, exprimé sous forme *de plébiscite*;

Pour *sommet*, l'*Empereur*, délégué du peuple pour gouverner et administrer la France, d'après les bases du plébiscite, fruit du suffrage universel;

Pour *axe*, une *Constitution*, confirmant, consacrant et développant les principes fondamentaux, les *bases* essentielles du plébiscite;

Pour *appui* et pour contre-poids, le Corps législatif et le Sénat; l'un, auteur des lois nécessaires à la marche des affaires, au progrès des intérêts, à l'expression de la vie, de l'activité sociale, et à la manifestation du génie de la France; l'autre, gardien de la Constitution, conser-

valeur du droit public et tuteur des libertés publiques :
le premier, issu du suffrage universel ; le second, nommé
par l'Empereur, fils du même suffrage : tous deux, directement ou indirectement, sortis du sein de la volonté
nationale.

Voilà ce que c'est que l'Empire !

Tout en lui, — du fondement au faîte, — explicitement
ou implicitement, tout est l'œuvre du *suffrage universel*.

Le suffrage universel a fait le plébiscite, a fait l'Empire,
a fait l'Empereur, la Constitution, le Sénat, le Corps législatif. C'est lui qui fait les décrets, les sénatus-consultes,
les lois. Le suffrage universel est ici, est là, est partout.
C'est la plus large assiette de la souveraineté, le droit le
plus précieux et le plus légitime, l'esprit qui meut tous
les rouages de la machine sociale, la pierre angulaire qui
la soutient.

Mais ce suffrage, en lui-même, qu'est-il ?

Le mot le dit : Le *suffrage universel*, c'est la volonté
de tous et de chacun, le vote, non de telle ou telle fraction de la nation, mais de la nation tout entière ; la pensée de tous individus, de tous citoyens, — sans exclusion
d'opinion, de doctrine, de tendances ou de direction,
sans distinction de classes ni de rang, — civils et militaires,
métropolitains et colons, riches et pauvres, jeunes et
vieux, savants et ignorants ; c'est la voix de quiconque a
la dignité morale et la capacité intellectuelle requises par
la raison et par la loi, pour apprécier et juger les
hommes et les choses de son pays. Le suffrage universel,
c'est le plus grand acte de la vie d'un peuple, l'exercice
de cette magistrature civique, qui, à certains jours et, à
certaines heures, appartient, de plein droit, à tout homme
qui porte le titre de citoyen et en comprend la valeur :
le suffrage universel, c'est le *droit régalien* du peuple,
c'est la loi du dernier des *électeurs*, comme du premier
des *éligibles* et de l'*Élu* suprême ; c'est le droit et la loi
de chacun, le droit et la loi de tous, l'arrêt, le jugement
souverain prononcé dans les comices populaires, par tous
les membres du corps social. C'est le *Verbe* qui enfante
le pouvoir et les représentants du pouvoir, le *Verbe* tout-
puissant d'un peuple maître de son présent et de son

avenir, le plus pur et le plus démocratique dés *principes* de 89, celui qui les contient et les résume tous, la condition vitale du pouvoir en France, le pouvoir lui-même.

Donc, qui que vous soyez, — microscopique termite, ou géant colossal, simple citoyen ou chef suprême de l'État, ne touchez pas au suffrage universel ! Vénérez ses oracles, et respectez ses volontés !

Plébiscite ou constitution, loi ou sénatus-consulte, peu importe ! Ces oracles sont sacrés : ces volontés sont inviolables ! Et malheur, trois fois malheur, à qui, volontairement et sciemment, oserait mépriser les uns, ou enfreindre les autres ! Porta-t on jamais impunément sur l'arche sainte dépositaire des destinées du peuple souverain, une main téméraire ou coupable ! Ah ! de grâce, n'y touchez pas ! Toucher au suffrage universel, c'est attenter à la majesté du peuple, c'est être factieux et ennemi de la chose publique ; c'est attenter au décret de la Providence ; c'est toucher à Dieu !

Voilà ce qu'est le suffrage universel !

Après cela, je ne m'étonne plus du rôle immense qu'il a joué, et dans les solennelles élections de la seconde République, et dans les trois élections si justement appelées *immenses*, qui ont fait surgir du sein de la France le Pouvoir impérial.

N'est-il pas la plus complète et la plus éclatante manifestation de la force sociale ?

N'est-il pas le piédéstal inébranlable de tout notre édifice politique, la *base des bases* de notre droit public et constitutionnel, sur laquelle reposent toutes les bases fondamentales, essentielles, premières, de la Constitution, — proposées dans la proclamation du Président de la république, le 2 décembre 1851, — votées et acceptées par le Plébiscite, — garanties par cette Constitution, — consacrées par la loi électorale ?

N'est-il pas, en un mot, la première loi du pays, la souveraineté du peuple, organisée, animée, vivante, la souveraineté en acte, et, si je puis ainsi parler, la morale en action dont cette souveraineté est le dogme !

Souveraineté du peuple, suffrage universel, et, comme conséquence de l'une et de l'autre, délégation ou représentation nationale, — tels sont les *principes* de notre droit politique. Nettement proclamés, pour la première fois, en 89, imparfaitement organisés et pratiqués sous la première République et le premier Empire, éclipsés, oubliés, presque méconnus, depuis la grande Révolution jusqu'à la Révolution de février, c'est à elle, c'est à cette révolution que revient l'éternel honneur de les avoir, tout d'abord, pleinement et franchement réalisés ; c'est à l'Empire qu'était réservée la gloire immortelle de les appliquer, dans toute leur étendue, sur le sol continental, et, jusqu'en février 1852, sur le sol colonial de la France.

Donc, ou la logique n'est qu'un mot, ou, qu'il s'agisse de la délégation, soit du pouvoir exécutif, soit du pouvoir législatif, les habitants Français de l'Algérie, cette terre à jamais française, aussi française que la Corse, plus française que la Savoie, doivent partager avec la France le droit de souveraineté, le droit de suffrage, le droit de représentation nationale.

V

Faisons maintenant un pas de plus ! Des hautes régions des *principes*, descendons dans le domaine de leur application, et avant d'aborder la *lettre* de la *loi*, consultons-en l'*esprit*.

Je parle de la *loi* électorale ou de députation, corollaire et complément indispensables du *plébiscite*.

Le présent est héritier du passé.

L'esprit de cette loi, je veux dire sa pensée générale et traditionnelle, n'est autre chose que l'esprit de la constitution du 14 septembre 1852 et du plébiscite du 21 décembre 1851, tel qu'il apparait, à toutes les pages de notre histoire politique et législative, depuis 1789, jusqu'en 1852, et à toutes les pulsations de la vie publique de la France. Dans toutes les circonstances où la Souveraineté a été mise en mouvement par le droit de suffrage, ou l'élection, — toujours, malgré quelques incertitudes, quelques oscillations et quelques variations, toujours le droit de voter a été la règle, l'exclusion de ce droit, l'exception.

Lisez les publicistes du XVIIIe siècle ! Vous les entendrez vous dire, par la bouche du plus illustre d'entre eux(*), que tous les citoyens doivent avoir le droit de donner leur voix pour choisir leurs représentants, excepté ceux qui n'ont pas de volonté propre. D'autres vous diront que la souveraineté est une, qu'une est la nation, une la volonté nationale, et par suite, que le suffrage doit être universel; que, sous peine de n'être qu'un mensonge et un non-sens, le suffrage n'est rien, s'il n'est l'expression de la volonté de chacun et de tous. Et, près d'un siècle plus tard, plus d'une voix éloquente, écho de la philosophie du siècle dernier et des principes de 89, fondements de notre droit public, vous dira du haut de la tribune de la seconde Assemblée nationale, que la Souveraineté est le pouvoir émanant des citoyens dont la totalité est seule souveraine; que nul individu, nulle fraction du peuple ne peut s'en attribuer l'exercice; qu'elle appelle au même titre tous ses enfants à prendre une part égale au choix des hommes qui doivent diriger et gouverner, — que la représentation nationale est l'expression résumée de la pensée de tous, l'image réduite de l'universalité des citoyens, la miniature photographique de la nation toute entière; enfin, que tous les membres de la nation, étant égaux devant la loi qui les régit, chacun doit contribuer à la confection de cette loi, par l'élu ou le représentant de son choix.

Est-ce tout ? Ouvrez le *Bulletin des Lois !* A partir de 1848, proclamations, rapports, décrets, lois, instructions, circulaires, tout y respire, tout y exprime, tout y consacre, tout y garantit le droit universel d'élire, le suffrage direct et universel, et la nomination, par ce suffrage, des membres du Corps Législatif.

Inutile de rien citer; je me contente de renvoyer aux principales sources de notre législation électorale.

Oui, grâce aux grands principes de 89, inspirés, j'allais

(*) Montesquieu.

dire engendrés par les plus anciennes coutumes de la monarchie, par les traditions, les tendances, les prétentions des États généraux et des Parlements, — Oui, l'esprit de la France est un esprit tout à la fois démocratique et monarchique, un esprit de liberté et d'ordre, de progrès et de stabilité. Et voilà pourquoi, toutes les fois qu'il a pu, sans obstacles, se traduire dans les institutions et dans les lois, lois et institutions ont été plus ou moins marquées, suivant les circonstances, de l'empreinte du suffrage universel ou représentation nationale, et de la délégation du pouvoir exécutif à un Chef suprême et héréditaire de l'État.

Mais, hâtons-nous de le proclamer, jamais plus qu'en 1848, et depuis 1848, jamais la souveraineté de la nation française ne s'est plus librement et plus universellement manifestée par ce double organe de la conscience publique ; jamais aussi le peuple français ne s'appartint davantage à lui-même.

C'est surtout, depuis cette époque, que les *principes* de notre droit public se sont convertis en faits, et que son esprit, qu'on me pardonne ce mot, s'est fait *chair*, s'est incarné dans des textes précis, formels et insusceptibles d'interprétation.

Ces textes surabondent. Souveraineté nationale, — Suffrage universel, — Représentation nationale, la plus large, la plus sincère et la plus vraie, cette impérissable trilogie de dogmes politiques, — inscrite dans la constitution de 89, — passée dans nos idées et dans nos mœurs publiques; est gravée dans ces textes en caractères ineffaçables et resplendissant d'évidence.

Je n'invoquerai que les plus saillans et les plus concluants, et encore, me souvenant de la recommandation de Pierre Pithou à son fils, m'abstiendrai-je de tout commentaire et de toute glose, et me bornerai-je à ceux qui ont trait à l'universalité du droit de suffrage dans ses rapports avec la Représentation nationale en Algérie.

Je touche au nœud vital de ma démonstration.

V

Le 6 mars 1848, décret du gouvernement provisoire qui, dans son article 3, fixe à 900 le nombre total de représentants du peuple à l'Assemblée nationale, y compris l'Algérie et les Colonies.

Le 10 mars suivant, Instruction du gouvernement provisoire, ayant force de décret, qui déclare que les quatre représentants attribués à l'Algérie seront élus suivant la forme ultérieurement établie par une Instruction particulière, — publiée le 15 du même mois et reproduite, presque textuellement, dans celle du même jour, relative aux Représentants de la France.

Le 10 novembre de la même année, Constitution de la République française, dont l'article 21 déclare que le nombre total des représentants du peuple sera de 750, y compris les représentants de l'Algérie et des Colonies françaises.

Et ces représentants de l'Algérie, remarquons-le bien, seront nommés, soit pour la confection des lois, soit pour la révision de la Constitution.

Maintenant, rapprochez l'article 21 de l'article 43 : « Le peuple Français délègue le pouvoir exécutif à un « citoyen qui prend le titre de Président de la Républi- « que, » et de l'article 110, qui déclare s'en référer, pour la première élection du Président, à la loi du 28 octobre 1848, laquelle s'en réfère elle-même au décret et à l'instruction précités du 5 et du 8 mars : rapprochez ces textes entre eux, et vous serez convaincus que tout Français, âgé de 21 ans, métropolitain, algérien, ou colon, a le droit de concourir à la représentation législative et à la délégation exécutive, sous la seule condition d'être inscrit, conformément à ce décret et à cette instruction.

C'est ce que confirme, en fait, l'article 1er du décret du 14 décembre 1848, qui *constate* le dépouillement des procès-verbaux des départements et *de l'Algérie,* et en droit, l'article 75 de la loi du 18 mars 1849.

Mais, poursuivons notre nomenclature chronologique de textes :

Le 10 décembre 1851, décret du Président de la République qui, considérant, conformément à l'Appel au peuple, du même jour, que la souveraineté réside dans l'universalité des citoyens, et visant les documents législatifs de la République et de l'Empire touchant l'appel au peuple, convoque solennellement le peuple Français dans ses comices (art. 1er), pour accepter ou rejeter un plébiscite ainsi conçu :

« Le *peuple Français* veut le maintien de l'autorité
« de Louis-Napoléon Bonaparte et lui délègue les pou-
« voirs nécessaires pour faire une Constitution sur les
« *bases proposées* dans sa proclamation du 2 décembre. »

Le *peuple Français !* ou, comme le définit l'article 2, tous les Français, âgés de 21 ans, fissent-ils partie de l'armée de terre ou de mer, comme le décide un décret de la même date !

Ainsi, nulle exclusion, ni contre les Français de l'Algérie, ni contre les Français des Colonies, nulle exclusion, soit textuelle, soit même tacite ! Tout Français, âgé de 21 ans, a droit et mission de voter ou de rejeter la délégation du pouvoir constitutif à établir sur les bases déjà proposées.

Mais ces bases de la future Constitution, quelles sont-elles ?

Les voici : il y en a cinq : un Chef responsable, — des Membres dépendant du pouvoir exécutif, — un Conseil d'Etat, — une Assemblée pondératrice qui, plus tard, se nommera Sénat, et un *Corps législatif, nommé par le suffrage universel.*

C'est sur cette base, surtout, que j'appelle l'attention de tout homme sérieux. Elle est le pivot de ma thèse.

Un Corps législatif nommé par le suffrage universel! — Le suffrage de qui? — Evidemment du peuple Français. — Et de quel peuple Français? Apparemment de celui qui est solennellement convoqué dans les comices, de l'universalité des citoyens, des Français, civils ou militaires, de France, d'Algérie et des Colonies !

C'est ainsi que l'entendait le Président de la République, en rendant exécutoire en Algérie (décret du 3 décembre 1851), le décret du 2 du même mois; c'est ainsi que le pratiqua l'Algérie, en exécutant, comme en France, ce même décret, par sa participation au plébiscite du 14 décembre suivant, qui accepta les *bases proposées.*

Ces bases, que le Président de la République appelait si justement les *bases principales*, *premières*, *fondamentales*, les *conditions vitales* du pouvoir en France, devaient être, et furent, en effet, *développées*, par la Constitution du 14 janvier 1852, qui les reproduit dans son préambule, et qui, dans son premier article, reconnaît, confirme et garantit les grands principes de 89, *base* du droit public des Français.

Or, le Corps législatif, l'une de ces bases, y est l'objet de plusieurs articles, que je résume ainsi : Population, base de l'élection, — Un député pour 35,000 électeurs : — Élections par le *suffrage* direct et *universel*, sans scrutin de liste qui le *fausse.*

Lisez et relisez et le préambule et le texte de cette Constitution! Y restreint-on quelque part, même implicitement, le suffrage universel? Y a-t-il une ligne, un mot, contre le droit électoral de l'Algérie? Non, mille fois non ! — Je me trompe. Par son article 56 la Constitution lui reconnaît, lui confirme, lui continue, lui garantit ce droit, en déclarant que les dispositions des lois antérieurement existantes et non contraires à la présente Constitution, restent en vigueur, jusqu'à ce qu'il y soit légalement dérogé.

Mais, en vérité, soit dit en passant, y a-t-il rien de moins contraire à cette Constitution que les dispositions des lois plus haut citées, et, entre autres, de l'article 116 de la Constitution de 1848 ? Évidemment, non ! Rien de moins discutable, rien aussi de moins discuté.

Si un acte législatif est contraire à la Constitution, et, partant, a cessé de rester en vigueur depuis sa promulgation, savez-vous quel est cet acte ?

C'est le décret des 2-22 février 1852 qui a supprimé, dans son article 1, le droit qu'avait l'Algérie de nommer des députés.

Conciliez donc, si vous le pouvez, le suffrage *partiel,*

mutilé, de ce décret, avec le suffrage *universel*, *intégral* de la Constitution !

Est-ce que, par hasard, le tout serait égal à la partie, la partie identique au tout, deux à quatre ?

Et ne dites pas que ce décret, aux termes du deuxième alinéa de l'article 58 de la Constitution, a force de loi.— Je vous l'accorde, mais en tant qu'il ne serait pas contraire à cette même Constitution. Or, c'est là la question! Mais n'anticipons pas.

Vient le 10 octobre 1852. Un Sénatus-consulte propose à l'acceptation du peuple français, un nouveau plébiciste, pour le rétablissement de l'Empire, et le même jour est rendu un décret entièrement semblable à celui du 10 décembre 1852, promulgué en Algérie le 18 novembre. Cette fois encore, convocation du peuple français tout entier, sans restriction, sans exclusion, — convocation de l'universalité, et non d'une fraction quelconque du peuple français.

En exécution de ce décret, un arrêté du Gouverneur-Général fixe les élections de l'Algérie aux 21 et 22 novembre, conformément à la loi du 15 mars 1849, et une circulaire du même Gouverneur-Général, pose en principe évident et certain, que le Président de la République, appelant la nation à voter le rétablissement de la dynastie impériale, l'Algérie doit concourir à cette manifestation solennelle.

Est-ce assez de textes? Mais de ceux que j'ai cités, ne résulte-t-il pas clairement, surabondamment, que tous les pouvoirs ou organes du pouvoir législatif ou exécutif, qui se sont succédés depuis 1848 jusqu'à l'Empire : Gouvernement provisoire, Assemblée constituante, Chef du pouvoir exécutif, Assemblée nationale, Président décennal de la République, Corps législatif, Sénat, Empereur; tous, sans exception, ont reconnu à l'Algérie, par des décrets, par des instructions, par des lois, par des constitutions, par des sénatus-consultes, le droit *un instant méconnu*, mais, à plusieurs reprises, pratiqués par elle, de concourir à la représentation ou députation nationale, en même temps qu'à la délégation de la souveraineté de la nation ?

Je dis que ce droit a été *méconnu*, — et j'ajoute, supprimé. — Comment? — par une loi? Non! Par un sénatus-consulte? Non! Par quoi donc? Par infiniment moins que cela, — par quelque chose qui n'a d'existence constitutionnelle et légale qu'en vertu et en conformité d'un sénatus-consulte, d'une loi ou d'une constitution : — par un simple décret organique, sur l'élection des députés au Corps législatif, — par le décret des 2-22 février 1852, — décret contraire à la loi, au sénatus-consulte, à la Constitution, et en droit comme en fait, jugé tel par le pouvoir chargé d'en assurer l'exécution en Algérie.

Eh bien,! ce décret, je l'affirme sans crainte, il est nul, radicalement nul, et sa nullité, que nous ont fait prévoir les *principes* et pressentir l'*esprit* du Droit public français, sa confrontation juridique avec le *texte* du plébiscite et de la Constitution, va, pour ainsi dire, nous la faire toucher du doigt.

Mais, auparavant, interrogeons attentivement la nature et la portée du décret lui-même.

Ce décret, qu'est-il? Son intitulé nous l'apprend : Un décret organique pour l'élection des députés au Corps législatif. Rien de plus, rien de moins!

Or, il est de principe qu'un décret présidentiel, organique, ne peut ni restreindre, ni étendre, ri modifier d'une manière quelconque, encore moins, supprimer la loi ou le droit qu'il organise; comme le président qui le rend, il ne peut qu'assurer l'exécution des lois. Il est sous le gouvernement impérial, ce qu'était l'ordonnance sous le gouvernement royal, l'instrument du pouvoir exécutif.

La loi donc, ou le droit à organiser, c'est le cercle de Popilius du décret : Forme de ce droit ou de cette loi, le décret ne peut toucher au fond ni de l'un ni de l'autre. Sinon, d'effet et d'instrument qu'il est du pouvoir législatif, ce droit en deviendrait le principe générateur, le pouvoir exécutif se confondrait avec le pouvoir législatif, et vous n'auriez plus que le chaos dans l'abîme.

Mais qu'est-ce qui est organisé par notre décret? — L'exercice du plus précieux et du plus légitime des droits, l'élection des députés au Corps législatif, le choix des mandataires de la nation par la nation, la représentation nationale, ce ressort puissant, immense, résumé de la souveraineté et de l'opinion publique, qu'aucune main ne peut comprimer ni détourner du courant qui le dirige : le suffrage universel, élément créateur du Corps législatif; l'une des bases du plébiscite, — l'article 36 de la Constitution.

Qu'à l'égard de la France, ce décret n'ait pas, franchi les infranchissables limites de la légalité, cela n'est douteux pour personne, mais il est loin, bien loin d'en être de même pour l'Algérie.

Vis-à-vis d'elle, ce décret n'est pas un décret organique. Je dirais volontiers, si je l'osais, qu'il est un décret inorganique, désorganisateur, puisqu'au lieu d'organiser le suffrage universel en Algérie, il l'y désorganise, et l'y supprime. S'il est quelque chose, il est pour elle une loi nouvelle qui lui impose un droit nouveau diamétralement opposé à son droit antérieur.

Mais un pareil droit, ne pouvant être créé en France que par un sénatus-consulte, —s'il n'est qu'une modification accessoire, secondaire de la Constitution, et par un sénatus-consulte suivi d'un plébiscite ratificatif,—s'il modifie une des bases premières de cette même Constitution, — qu'on me montre donc un texte qui autorisât le Président de la République à le créer en Algérie par un simple décret !

Je n'ignore pas que l'Algérie, avant comme après 1848, comme de nos jours encore, était régie par des *lois particulières*; que par le mot *Lois* de l'article 109 de la Constitution de 1848, article en vigueur jusqu'à la promulgation du sénatus-consulte qui doit régler la constitution de l'Algérie, il faut entendre tous actes législatifs, lois proprement dites, ou décrets. Mais ce que je sais aussi, c'est que les décrets ne peuvent s'appliquer qu'à ce qui concerne les améliorations à introduire dans les réglements déjà existants ; que les questions importantes dont la solution réclamerait une solution législative, ne peuvent être résolues que par des lois proprement dites, et qu'à coup sûr, la plus importante des questions pour l'Algérie, est celle qui regarde l'exercice de ses droits de suffrage politique.

Je conclus de là, qu'un décret était impuissant à le lui enlever, alors même que ce droit ne serait pas une des bases, et, comme je l'ai déjà fait voir, la base des bases de notre droit public. Mais cette conclusion naturelle et logique, devient plus naturelle et plus logique encore, si, comme le prouvent le plébiscite du 2 décembre 1851, et la Constitution du 14 janvier 1852, le suffrage universel est réellement au nombre de ces bases : alors, c'est l'article 32 de la Constitution qui l'exige, toute modification à cette base ne peut être faite que par un plébiscite.

Je dis *toute modification,* et ce n'est pas sans raison. Le Plébiscite et la Constitution sont formels à cet égard. Dès qu'il y a modification, grande ou petite, grave ou légère, n'importe son étendue, n'importent ses résultats, n'importe le lieu où elle doit se réaliser, cette modification, par cela seul qu'elle touche à une base de la Constitution, doit être soumise au suffrage universel et prendre la forme d'un plébiscite.

Mais, quoi de plus grave, quoi de plus important, qu'une loi ou un décret restrictif du droit électoral ? Il ne s'agit pas seulement ici du retranchement, au seul détriment de l'Algérie, de trois ou quatre députés. Les députés, sous l'Empire, de même que les représentants sous la République, ne sont pas les députés de leurs départements plutôt que de la France entière ou d'une partie quelconque de la France. Ils sont les députés de la France, les membres de la Représentation nationale, — de sorte que l'Algérie, étant constitutionnellement unie à la France, comme deux parties d'un même tout, par une chaîne infinie d'intérêts solidaires, la suppression d'un député, quel qu'il soit, de France ou d'Algérie, serait tout à la fois une atteinte au droit électoral ou au suffrage universel, et au corps législatif, né de ce droit et de ce suffrage.

Mais, raisonnons un instant dans l'hypothèse où, par la plus étrange des énormités juridiques, ce qu'un plébiciste pourrait seul faire en France, un simple décret pourrait le faire en Algérie. Encore faudrait-il que l'article 1 de notre décret ne se fût pas furtivement glissé, comme un intrus, dans un décret purement organique, et qu'il ne figurât que dans un décret spécial à l'Algérie. Une disposition de cette importance valait certes bien la peine d'un décret *ad hoc*.

Son insertion, — par inadvertance, j'en conviens, et je le crois, — son insertion dans un décret organique suffirait pour prouver que, dans l'intention de son auteur et dans la réalité des choses, il n'avait pas d'autre portée que celle d'une disposition organique. Partie d'un décret organique, il participe donc de la nature et des effets de ce décret tout entier; et si, d'après ce que j'ai déjà dit, ce décret, à le prendre comme décret-loi, ne vaut que ce que vaut un décret inconstitutionnel, que penser d'un simple décret-règlement, ou réglementaire d'une loi?

Mais tenez-vous à le considérer comme décret-loi? j'y consens, mais vous ne gagnerez rien à cette concession.

Je vous dis deux choses: — Il n'a pas été rendu exécutoire, et, dans une circonstance solennelle, à quelques jours de sa publication, — il n'a pas été exécuté — en Algérie. En doutez-vous? Consultez le *Bulletin* des Actes du gouvernement algérien, il vous répondra par le *nota* du gouverneur-général Randon à la suite de la promulgation par lui faite en Algérie du décret du 7 octobre 1852, sur la convocation du peuple français dans ses comices pour voter le rétablissement de l'Empire.

Voici ce post-scriptum:

« Les décrets du 2 février 1852 (*) n'ayant pas été rendus exécutoires en Algérie, les dispositions de ces décrets doivent être considérées comme non avenues, en tant qu'elles seraient contraires à la loi du 15 mars 1849, à laquelle renvoie notre décret du 19 novembre courant, etc. »

Or, est-il possible de douter que l'article 2 du décret du 2 février 1852 ne soit contraire à la loi du 15 mars 1849, dont l'article 75 parle textuellement de l'élection des représentants de l'Algérie?

Et *notez* que conséquent avec son appréciation de notre *décret*, le Gouverneur-Général ne l'exécuta pas, et s'en tint sagement aux prescriptions de la *loi*.

(*) Ces deux décrets rendus le même jour, sont, l'un, organique, et l'autre, réglementaire de l'élection au Corps législatif.

Voilà donc le chef du pouvoir exécutif en Algérie, qui déclare solennellement et publiquement — non promulgué, non exécutoire, contraire à une loi antérieure — et qui n'exécute pas un décret général rendu par le Chef du pouvoir exécutif en France !

N'en serait-ce pas assez, à la rigueur, pour m'autoriser, moi, à le déclarer, jugé et condamné et en droit et en fait?

Mais, peut-être, avec la jurisprudence, au moins très controversable de la Cour d'Alger et de la Cour de Cassation, peut-être soutiendra-t-on que le Gouverneur Général déclare à tort notre décret non exécutoire faute de promulgation, et que ce décret, étant d'ordre et d'intérêt publics, il n'avait pas besoin d'être promulgué en Algérie. — Eh bien, soit ! Le droit m'échappe, mais le fait me reste, et ici le fait est décisif : ce décret n'a pas été exécuté lors du vote sur le rétablissement de l'Empire, et la légalité de sa non-exécution a été reconnue et consacrée par le recensement des suffrages de l'Algérie au Corps législatif.

Qu'est-ce à dire ? Est-ce que, par hasard, bonne pour voter l'acceptation ou le rejet de l'Empire, comme elle l'avait été, quelque temps auparavant, pour voter le rejet ou l'acceptation de la Présidence décennale, l'Algérie aurait cessé de l'être pour voter la nomination des députés ! — Elle qui avait pu le plus, ne pourrait plus le moins ! Comment ! partie intégrante du territoire français, du peuple français, alors qu'il s'agissait de poser le fondement et d'élever le sommet de l'édifice social de la France, elle ne le serait plus quand il s'agirait d'ériger une de ses colonnes! Comment ! elle qui, pour sa part, a fait le Plébiscite, père de la Constitution, la Constitution, mère de l'Empire, elle ne pourrait, pour sa part aussi, faire le Corps législatif ! Apte à dire à un homme qu'elle ne connaissait que de loin : A toi, la Présidence décennale, à toi, l'Empire pour toujours! elle ne le serait point à dire à des hommes qu'elle connait de près : A vous le soin de mes affaires particulières en même temps que des affaires publiques ! A vous, mon mandat pour 6 ans ! Comment ! elle qui a pu confier au Président de la République le soin de faire une Constitution, à l'Empereur le gouvernement de la France, ne pourrait confier à des députés le soin de défendre ses intérêts, le pouvoir de gérer ses affaires !!

Mais laissons-là des inductions aussi puissantes que la logique, aussi infaillibles que la raison. Ne parlons même plus ni de la fin de non-recevoir tirée de la non-promulgation du décret en Algérie, ni de l'exception prise de sa non-exécution. Revenons au fond de notre question et rentrons dans le domaine des textes.

Voulez-vous que le décret soit plus qu'un décret organique, administratif ou réglementaire, — un décret-loi pour la France, et, à plus forte raison, pour l'Algérie ? Je vous l'accorde !

Mais prenez garde ! Votre décret a beau être une loi, avoir force de loi. Entre vous et moi, toute la question est de savoir si, contraire au décret du 5 mars 1848, à la Constitution du 4 novembre 1848, à la loi du 15 mars 1849, — Décret, Constitution, Loi, entièrement conformes quant à l'intégralité et à l'universalité du droit électoral, au plébiscite du 21 décembre 1851 et à la Constitution du 14 janvier 1852, qui les confirment et les garantissent, la question, dis-je, est de savoir s'il est, oui ou non, contraire, en outre, à ce plébiscite et à cette Constitution.

Or, ainsi posée, la question est textuellement résolue par ces deux grandes Chartes de notre droit public.

En votant le plébiscite, qu'ont voulu la France et l'Algérie ! — Un Corps législatif nommé par le suffrage universel.

Proposé au peuple Français, c'est le peuple Français qui a voté cette base de la Constitution française, et qui l'a votée, non pour tel ou tel de ses membres, telle ou telle de ces fractions, mais pour chacun d'eux, mais pour chacune d'elles, pour l'individu tout comme pour l'universalité, pour le continent tout comme pour les colonies.

Concevrait-on que l'Algérie l'eût votée pour la France et non pour elle ; pour elle qui, au moment du vote du plébiscite et de la Constitution, possédait et exerçait, à l'instar de la France, le droit d'élection représentative ?

Non, certes ! L'Algérie ne s'est point suicidée ! Ce qu'elle a voulu, elle l'a voulu pour elle et pour la France.

Nourrie, depuis plus de trois ans, du doux lait du suffrage universel et du droit de représentation nationale, elle a voulu continuer de s'en repaître à l'avenir comme par le passé.

En fait, elle l'a voulu, l'histoire le constate. Mais ne l'eut-elle pas voulu, — en droit, le plébiscite le déclare, elle serait présumée l'avoir accepté.—Minorité, ne serait-elle pas tenue de s'incliner devant la majorité, et la Constitution, ce pacte national, ne l'obligeait-elle pas, elle, partie de la nation, aussi bien que la nation, toute entière ?

Le droit électoral de l'Algérie pour le Corps législatif, n'est pas que le droit de l'Algérie ; c'est encore le droit indivisible et solidaire de tous les Français, de toute la nation française, et partant de la France comme de l'Algérie.

Quoiqu'il en soit, la Constitution, cet édifice social, dont le plébiscite n'était que la charpente, et les bases proposées dans l'appel au peuple, que le fondement, la Constitution, consécration et développement de ces bases, a dû respecter et a respecté, en effet, les limites du mandat confié par le peuple à Celui qu'il avait choisi pour son mandataire, et c'est moins ce mandataire qui l'a faite, que le mandant, c'est-à-dire le peuple ; quant au mandataire, lui, il ne l'a guère que *promulguée*.

Mais non ! il a fait plus que cela ! Non content de l'avoir promulguée, il en a fixé la lettre, révélé l'esprit en plusieurs circonstances, provoqué et assuré l'exécution, et, dans la proclamation et le préambule qui la précèdent, écrit son meilleur commentaire.

Nous connaissons son esprit et son texte ; mais son commentaire, à peine en avons nous ça et là mentionné quelques mots. Il est temps de le citer en entier.

« J'ai soumis, disait aux Français (de France et d'Al-
« gérie) l'auguste commentateur d'un texte dont il était
« le rédacteur personnel, j'ai soumis à votre jugement
« les *bases principales* d'une Constitution :

« ...Une Chambre, qui prend le titre de Corps législa-
« tif, vote les lois et l'impôt, elle est élue par le suffrage

« universel, — les membres de ce Corps sont les man-
« dataires de la nation.

« Plus un homme est haut placé, plus il est indépen-
« dant, plus il a besoin de contrôle. De là, outre le Corps
« législatif, le Sénat, modérateur suprême, dépositaire
« du *pacte fondamental*, chargé d'examiner toutes les
« lois, sous le rapport de l'application des grands prin-
« cipes sur lesquels reposent notre société, d'expliquer
« le texte de la Constitution, et d'assurer ce qui est né-
« cessaire à sa marche — ayant le droit (et le devoir)
« d'annuler tout acte, (loi ou décret) arbitraire ou illégal.

« Le Sénat peut, de concert avec le gouvernement,
« *modifier tout ce qui n'est pas fondamental* dans la
« Constitution ; mais quant aux modifications à apporter
« aux *bases premières, sanctionnées par vos suffrages,*
« elles ne peuvent ~venir définitives qu'après avoir reçu
« votre ratification (par un plébiscite).

« Ainsi le peuple reste toujours maître de sa destinée.
« Rien de fondamental ne se fait en dehors de sa vo-
« lonté. »

« Telles sont les idées, tels sont les principes dont vous
m'avez autorisé à faire l'application ; puisse la *sanction*
que vous avez donné à mes efforts être béni du ciel ! »

Ou je n'entends rien aux expressions les plus claires, les
plus nettes de la langue française, ou cela signifie, ce
qui est si clairement et si nettement exprimé par les articles 34, 35, 36, 37 déjà cités, et par l'article 31 de la
Constitution : « Le Sénat peut poser les bases de projets
de lois d'un grand intérêt national, et peut également
proposer des modifications à la Constitution. Il y est
statué par un sénatus-consulte. — Néanmoins, sera soumis au suffrage universel toute modification aux *bases
fondamentales* de la Constitution, telles qu'elles ont été
posées dans la proclamation de la Constitution, et adop-
tées par le peuple Français. »

Ici, je pourrais clore mon travail. Il est évident, il est
certain, il est incontestable que voulue, votée, acceptée,
ratifiée par tous les Français, y compris ceux de l'Algérie,
cette base du Plébiscite et de la Constitution, qui s'appelle
suffrage universel ou *droit de députation* au Corps légis-

latif,—ni le Chef de l'État, qui ne peut faire que des décrets assurant l'exécution des lois, — ni le Sénat, qui ne peut faire que des sénatus-consultes proposant des modifications non fondamentales à la Constitution,—ni le Corps législatif, qui ne peut faire que des lois nécessaires à la marche du gouvernement,—que dis-je? pas même l'Empereur, le Sénat et le Corps législatif réunis—ne peuvent modifier ni le suffrage universel ni le droit électoral.

Au peuple donc, au seul peuple. français, à l'universalité des Français, ce droit éminent, souverain, privilège et prérogative de sa toute-puissance,—à lui seul l'exercice de ce droit.... par un plébiscite sanctionnant et ratifiant le sénatus-consulte soumis au suffrage universel.

La vérité est là ! rien que là ! Accumulez sophismes sur sophismes, entassez subtilités sur subtilités, amassez objections sur objections, l'erreur ne saurait prévaloir contre le roc divin de la vérité ! Un plébiscite et non un décret, la volonté de tous et non la volonté d'un seul, pouvait priver l'Algérie du droit de représentation nationale. Donc le décret qui l'a privée de ce droit est un décret inconstitutionnel et nul. Vainement et grâce à une espèce de galvanisation juridique, a-t-il pu passer pour vivant aux yeux de quelques-uns! il était mort-né : il n'était et il n'est qu'un cadavre !

Ne dites donc plus, armé de l'article 58 de la Constitution : Ce décret a force de loi. Je vous répondrais : Non ! Parce que cet article ne s'applique qu'au décret nécessaire à la marche générale du gouvernement et à l'expédition des affaires publiques, en tant que ces décrets destinés à assurer l'exécution de la Constitution ne seraient pas contraires à une de ces bases.

Interprétez autrement cet article! Vous aboutissez à l'absurde ; vous êtes forcé d'admettre que la Constitution accorde force de loi à des décrets qui lui sont contraires. Cette Constitution, source de tous les pouvoirs, vous la livrez, pieds et poings liés à un seul d'entre eux, et de républicaine ou impériale qu'elle est, vous en faites une constitution monarchique et aristocratique.

Ne dites pas davantage que la Constitution ne parle pas de élections de l'Algérie, et qu'elle ne la nomme que pour dire qu'un Sénatus-Consulte réglera sa Constitution ! Je vous répondrais qu'elle n'avait pas besoin d'en parler; que d'ailleurs, nulle dérogation légale n'ayant été faite ni à cette Constitution, ni aux lois, ni aux décrets qui jusqu'à sa promulgation ou depuis sa promulgation lui accordaient, lui confirmaient ou organisaient le droit d'élection nationale, — par cela seul, l'article 56 en parle implicitement, et que, du reste, l'Algérie n'ayant pas été encore constituée par un Sénatus-Consulte, elle n'est régie que par la Constitution de la France, les lois et les décrets conformes à cette Constitution.

Ne dites pas enfin que la privation du droit électoral algérien est un fait accompli, accepté, subi, admis, comme tel depuis plus de dix ans. Eh ! qu'importe ? vous répondrais-je : accompli, tant que vous voudrez! un fait ne peut détruire un droit imprescriptible et inaliénable. Le droit électoral c'est le statut personnel politique, et pas plus qu'au statut personnel civil vous ne pouvez y renoncer.

Et ces réponses, ce n'est pas moi seul qui vous les oppose, mais, avec moi, les *principes*, l'*esprit*, le *texte* du droit constitutionnel de la France, et, de tous les commentaires de ce texte, le plus autorisé et le plus infaillible.

Dois-je encore répondre à ces esprits pessimistes ou frondeurs, qui ont tenté de m'insinuer que ce travail pourrait bien n'avoir pour résultat que d'amener la régularisation constitutionnelle, et par suite, la consécration définitive de la suppression du droit électoral de l'Algérie ? Mais y ont-ils pensé? Comment arriver à cette régularisation autrement que par un plébiscite ?

Or, ce plébiscite, c'est là ma conviction profonde, ne détruirait certainement pas ce qu'a édifié le plébiscite du 2 décembre 1851. Le peuple, lui aussi, a sa logique, et rien n'autorise à penser, pas même à soupçonner, que consulté sur la question, objet de cette étude, il hésiterait un instant à la résoudre comme moi. En tout cas, qu'on l'essaye! je ne redoute nullement sa réponse.

Un mot encore. Ah ! si je pouvais, franchissant les bornes d'une thèse purement juridique, m'élever librement, jusqu'aux plus hautes sphères de l'économie politique et sociale!

Comment, dirais-je à mes adversaires, comment l'Algérie de 1864 serait-elle à tout jamais déchue d'un droit, d'une liberté dont, pendant plus de trois ans, elle a eu, en même temps que la dignité et l'intelligence, la jouissance et l'exercice? De grâce, en l'absence du rapport qui a provoqué le décret du 2 février 1852, dites-moi la raison du changement d'état, de la *capitis diminutio* politique que ce décret inflige aux algériens. En quoi l'Algérie a-t-elle démérité depuis 1848? Alors, comme en 1852, comme aujourd'hui, comme toujours, ne s'est-elle pas efforcé d'effacer entre elle et la France, toute différence d'institutions, de lois, de mœurs, de tendances et d'aspirations? Pourquoi revêtue, honorée, il y a quinze ans, de cette dignité de citoyen qui est pour les Français d'Algérie ce que serait pour les Arabes la dignité d'homme si justement revendiquée pour eux par l'Empereur, pourquoi en a-t-elle été dépouillée, après l'avoir portée pendant trois ans? Est-ce que de nos jours, sous l'Empire, les Français algériens sont moins français que sous la République? Peine ou déchéance, le mot n'y fait rien la suppression du droit électoral est pour eux une sorte de *rélégation* politique. Je vois bien leur peine; mais où est leur crime? Serait-ce d'avoir, dans deux circonstances solennelles, voté, dit-on, contre la présidence décennale et le rétablissement de l'Empire? Eh quoi? vous oseriez faire à l'Élu de sept millions cinq cent mille suffrages, l'injure de le croire offensé, irrité, par la libre et sincère expression d'une faible partie de ces votes populaires auquel il doit et sa force et sa gloire? Serait-ce de n'atteindre que le chiffre de cent-vingt mille Français? Mais ces Français ne représentent-ils pas la population de trois circonscriptions électorales en Algérie?

Encore un coup : où est donc le crime de l'Algérie?

Mais, à défaut de crime, se rejetterait-on, pour justifier cette peine, sur les vaines raisons alléguées autrefois contre l'assimilation parlementaire des Colonies avec la Métropole? Prétendrait-on que, rationnel en principe, le droit électoral serait pour l'Algérie, impraticable en fait? (5) Irrationnel en principe? il l'est si peu, que sous les régimes les plus opposés, sous le régime de la monarchie absolue, comme sous le régime de la liberté absolue, sous le règne de Louis XIV comme sous celui de la République, il fut proclamé en faveur des Colonies par le même motif qui sans doute le fit proclamer en faveur de l'Algérie, — parce qu'elles fesaient parties intégrantes du territoire de la France. — Impraticable en fait? Mais oubliez vous donc qu'il a été pratiqué à plusieurs reprises et à des époques diverses, et par les Colonies et par l'Algérie?

Objecterait-on, avec plus de succès, l'inopportunité de l'application de ce droit en Algérie? Eh! d'où viendrait cette inopportunité? L'Algérie manquerait-elle d'hommes intellectuellement et moralement capables de la représenter au Corps Législatif? Elle a prouvé le contraire. Serait-elle ce qu'on a dit de certaines colonies, — « un peuple trop petit, trop lointain, trop éloigné de la France? » Nul n'oserait l'avancer. — Ses intérêts et ses besoins seraient-ils trop différents des intérêts et des besoins de la métropole? Mais qui ignore que des liens nombreux, des rapports variés, des relations quotidiennes, rattachent plus intimement l'Algérie à la France que la Corse, par exemple, au département du Nord? — Les Députés algériens, trop exclusivement préoccupés des questions algériennes, fourniraient-ils un trop faible concours aux délibérations du Corps Législatif sur ses questions métropolitaines? Mais députés de l'Algérie, ils ne seraient pas moins que leurs collègues, de n'importe quel département continental, les députés de la France, et comme eux, grâce aux lumières des discussions publiques et de leurs études solitaires, capables de se prononcer en hommes éclairés, sur toutes les questions, algériennes et métropolitaines, d'intérêt général. — Nos conseils généraux, ces mandataires indirects et forcés de nos départements, rempliraient-ils le rôle de ces députés? Sans dire de ces assemblées ce qu'on a dit avec plus d'esprit que de raison des Conseils coloniaux (6), n'est-il pas sensible que, nés de l'élection spontanée de leurs concitoyens, des Députés représenteraient plus efficacement et avec plus d'indépendance que des conseillers choisis par le Pouvoir lui-même, les idées, les vœux, les intérêts de leurs mandataires directs et volontaires?

Oui! voilà ce que dans un travail d'économie sociale et politique, j'opposerais aux partisans du *statu quo* en matière de droit électoral en Algérie, et j'ajouterais volontiers que si la politique voulait que ce droit ne fut pas enlevé à l'Algérie, l'équité commande que ce droit lui soit enfin rendu.

Mais *paulo minora!* Je ne veux ni ne dois sortir du cercle étroit d'une question juridique.

Je ne puis pourtant clore cette Étude sans l'étayer de quelques considérations morales.

Le droit que je revendique pour les Français de l'Algérie, ces Français l'exerceraient en France, s'ils n'étaient venus se fixer en Algérie. Pourquoi donc, par quelle étrange *anomalie*, en posant leur pied civilisateur sur nos rivages, seraient-ils privés de ce droit, semblables à ces magistrats qui partent inamovibles de Marseille et arrivent amovibles à Alger? Devenus fils adoptifs d'une terre désormais française, cesseraient-ils par cela même d'être fils légitimes de la vieille terre de France? Singulière manière d'encourager l'immigration française en Algérie! comme si, loin de rien perdre de ses droits politiques, le citoyen qui se transporte, lui, sa femme, ses enfants, sa fortune, sur le sol Algérien, ne méritait pas de les y conserver dans toute leur plénitude; comme si, le soldat, le colon français, qui de leur sang ou de leur sueur et souvent de l'un et de l'autre, arrosèrent ce sol tout aussi Français que la France elle-même, ne s'étaient pas assuré et confirmé, par un fait volontaire et méritoire, ce droit par excellence attaché au titre de citoyen Français, que tant de métropolitains leurs frères n'exercent en France, que par un fait purement fortuit et nullement méritoire, — le fait de leur naissance et de leur séjour au sein de la mère-patrie!

Ce droit n'est donc pas que légal; il est rationnel, il est juste, et sa légalité de même que sa rationnalité et sa justice, présente en Algérie, mieux encore que certaines (7) questions bien moins graves en France, un grand intérêt tout à la fois libéral et gouvernemental — le respect de la loi.

Si l'Algérie a ce droit, il est temps qu'il lui soit rendu. La restitution de ce droit, c'est pour elle ce qu'est l'*habeas corpus* civil pour ses habitants ; c'est son retour à la liberté, au droit commun, son *habeas animam* politique. Le lui denier plus longtemps, ce serait la condamner à l'exception et à l'ilotisme politique.

Qu'on ne soit donc pas surpris qu'au nom de la loi, un magistrat algérien ait pris à cœur de démontrer jusqu'à l'évidence, de déférer à l'Empereur, et de dénoncer au Sénat, l'inconstitutionnalité, et par suite, de demander l'abrogation d'un décret dont l'exécution est à ses yeux l'une des principales causes du malaise général qui pèse sur l'Algérie.

De même que le Sénat, et plus encore que le Sénat peut-être, l'Empereur, pouvoir auguste, trois fois trempé dans les sources populaires de trois immenses élections, et qui, je le sais, ne craint pas les *appuis qui résistent*, l'Empereur, c'est le Président du Sénat qui l'a dit (8), est et veut être contenu par des discussions graves et réfléchies que soulèvent à bon droit des esprits sérieux.

Ce travail n'est pas autre chose.

Je le résume en deux mots : En dépit de la force invincible des *principes*, — des légitimes exigences de l'*esprit*, — du sens le plus manifeste des *textes* de notre Droit public, — en dépit des inspirations les plus puissantes de la politique, de la raison et de la justice, — un décret impérial, peut-il, — contrairement à plusieurs lois et à deux Constitutions, — priver les Français d'Algérie d'un droit non moins sacré et non moins inviolable pour eux que pour les Français de France, et abaisser ainsi le premier et le plus courageux des Français d'Alger, eût-il arboré l'étendard glorieux de la France sur le sommet humilié de la Casbah, au-dessous du dernier et du plus timide des Français annexés d'Annecy ou de Roquebrune ?

FIN

NOTES

(1) Notre précédente Étude est intitulée : *De la Contrainte par Corps ou de l'Emprisonnement civil en Algérie*.

(2) Trois pétitions ont été adressées au Sénat, l'année dernière : l'une d'elles, a paru, tout d'abord, dans l'*Écho de Sétif*. Plusieurs journaux ou revues, tant en Algérie, qu'en France, en ont parlé, et y ont plus ou moins ouvertement adhéré : ce sont, en Algérie, l'*Akhbar*, le *Courrier de l'Algérie*, l'*Indépendant* de Constantine, l'*Écho de Sétif*, le *Zéramna* de Philippeville, la *Seybouse* de Bône, le *Courrier de Mostaganem*, le *Courrier d'Oran*, l'*Écho d'Oran*, le *Courrier de Tlemcen*, la *Mitidja*.

    Ce sont, en France : le *Sémaphore* de Marseille, la *Revue du monde colonial*, le *Temps*, le *Courrier du Dimanche*, l'*Économiste français*, le *Correspondant*.

(3) Aristote (politique, livre IIIe, ch 1er) définit le citoyen, celui qui est perpétuellement établi juge et membre du Souverain.

(4) M le marquis de Boissy, dans la discussion de l'adresse au Sénat, 1863.

(5) Rapport à la Chambre des Pairs sur la loi de 1833, relative aux colonies.

(6) Voir : *De la Représentation des Colonies dans le Parlement*, Paris, Amyot, 1847.

(7) Allusion à une excellente dissertation de M. Reverchon, avocat à la Cour de Cassation, sur la question de savoir si les Préfets peuvent, en vertu d'une circulaire ministérielle, changer l'heure fixée par décret impérial, pour l'ouverture du scrutin des élections au Corps Législatif. (Voir le *Droit*, du 17 décembre 1863.)

(8) « Il (le pouvoir impérial) est contenu, et ce qui est mieux, il veut être contenu par le libre examen du Sénat et du Corps Législatif, par la controverse des hommes expérimentés que renferment ces assemblées, *et même* par les discussions graves et réfléchies que des esprits sérieux peuvent *incontestablement* soulever dans la presse. » (Rapport de M. le premier Président Troplong, sur le projet de sénatus-consulte, portant interprétation et modification de la Constitution, du 14 janvier 1852).

ÉTUDES LÉGISLATIVES ET JUDICIAIRES SUP L'ALGÉRIE

PAR

G. PRÉGHER

Président du Tribunal de 1ʳᵉ instance de Sétif, membre de l'Académie de législation de Toulouse.

Ont paru :

De la Justice de paix en Algérie.
Du Jury.
Des Agréés.
Du Barreau.
De l'Enseignement juridique.
Des Servitudes militaires.
La question Juive.
De l'Inamovibilité judiciaire.
Esquisses sur la Justice musulmane.
Du Notariat.
De la Succession Israélite.
De l'Absinthisme en face de la loi.
Notes d'un magistrat français sur le traitement de la magistrature algérienne.
De l'Hypothèque de la femme juive.
De la Naturalisation.

Du défaut de transcription des transactions immobilières entre musulmans.
Du Jury d'expropriation.
Lettres d'un colon du Chélif.
De la Milice algérienne dans ses rapports avec la Légion-d'Honneur.
Du Droit algérien.
De la Législation algérienne.
Lazarina ou la Contrainte par corps (1ʳᵉ partie.)
Du mariage français de l'israélite algérien
Du Notariat.
Du Statut réel de l'israélite.
Des Interprètes en Algérie.
La chicane.
De la contrainte par corps ou de l'emprisonnement civil en Algérie.

Vont paraître :

Du Syndicat commercial en Algérie.
De l'Unité législative —
Du Défensorat —
Des Huissiers —
Des Auxiliaires extrajudiciaires en Algérie.
Lettres d'un soldat algérien sur la promulgation des lois françaises.
Du Séquestre en Algérie.
Mélanges de législation algérienne.